BEI GRIN MACHT SICH IHR WISSEN BEZAHLT

- Wir veröffentlichen Ihre Hausarbeit, Bachelor- und Masterarbeit

- Ihr eigenes eBook und Buch - weltweit in allen wichtigen Shops

- Verdienen Sie an jedem Verkauf

Jetzt bei www.GRIN.com hochladen und kostenlos publizieren

GRIN

Personal und Organisation. Biographischer Fragebogen, funktionale Organisationsstruktur und Bewerbungsgespräche

Louisa Papke

Bibliografische Information der Deutschen Nationalbibliothek:

Die Deutsche Nationalbibliothek verzeichnet diese Publikation in der Deutschen Nationalbibliografie; detaillierte bibliografische Daten sind im Internet über http://dnb.d-nb.de abrufbar.

ISBN: 9783346568243
Dieses Buch ist auch als E-Book erhältlich.

Druck und Bindung: Books on Demand GmbH, Norderstedt Germany
Gedruckt auf säurefreiem Papier aus verantwortungsvollen Quellen

Das vorliegende Werk wurde sorgfältig erarbeitet. Dennoch übernehmen Autoren und Verlag für die Richtigkeit von Angaben, Hinweisen, Links und Ratschlägen sowie eventuelle Druckfehler keine Haftung.

Das Buch bei GRIN: https://www.grin.com/document/1163503

Einsendeaufgabe als Sonderprüfung: Alternative A

Eingesandt: 23.09.2021

SRH Fernhochschule Riedlingen

Modul: Personal und Organisation (Bachelor)

Studiengang: Gesundheitspsychologie und Prävention

Von: Louisa Papke

Inhaltsverzeichnis

Abkürzungsverzeichnis

z.B.   zum Beispiel

bzw.   beziehungsweise

Abbildungsverzeichnis

Aufgabe 1

Für die Personalauswahl gibt es heutzutage eine Vielzahl an Instrumenten. Diese lassen sich in verhaltens- und eigenschaftsorientierte Instrumente unterscheiden. Die verhaltensorientierten Instrumente sollen dabei helfen, künftig die Verhaltensweisen von potenziellen Beschäftigten hinsichtlich der zukünftigen Tätigkeit vorherzusagen. Diese lassen sich nochmal in simulationsorientierte und biografisch orientierte Instrumente unterteilen. Im Gegensatz dazu zielen die eigenschaftsorientierten Instrumente darauf ab, Merkmale von Bewerbern zu erfassen.

Der biografische Fragebogen zählt zu den wichtigsten biografisch orientierten Instrumenten. Aus diesem Grund wurde er für eine verbesserte interne Personalauswahl z.B. in der Uhrenfirma Time vorgeschlagen.

In der Regel wird der biografische Fragebogen zu Beginn eines Personalauswahlverfahrens angewandt, um eine Vorauswahl zu treffen. In den biografischen Fragebögen werden sogenannte „L-Daten" (englisch: biodata) erfasst, hierbei geht es hauptsächlich um Fragestellungen der Personalpsychologie. Der biografische Fragebogen zählt zu den standardisierten Selbstbeschreibungsinstrumenten, bei dem alle Befragten dieselben Fragen beantworten. Dies hat zur Folge, dass der Schwerpunkt überwiegend auf die Unterschiede in den Lebensläufen liegt, statt in der Einzigartigkeit.[1] Die gelauteten Fragen lassen sich dabei immer in das Leben des Beantworteten einordnen und zielen in den meisten Fällen auf überprüfbare Fakten ab, bekannt auch als „harte" Items. Es können aber auch Items zum Einsatz kommen, die sich auf Meinung, Einstellung oder andere nichtüberprüfbare persönliche Daten beziehen. Diese werden als „weiche" Items bezeichnet.[2] Der biografische Fragebogen wird an vielversprechende Bewerber gesendet, um offene Fragen zu beantworten und die wichtigsten Daten in eine standardisierte Form zu bringen. Abgefragt werden dabei unter anderem: das familiäre Umfeld, die Schule, das Berufswahlverhalten, die Berufserfahrungen, die Berufsausbildung, Handlungspräferenzen, soziale Aktivitäten, das Freizeitverhalten sowie Interessen, das Selbstbild und der Attributionsstil. Die objektiven Fragen nehmen auf Fakten

---

[1] Vgl. Krause 2017, S.107
[2] Vgl. Weuster 1987, S.409

3

Bezug, so dass der Interpretationsspielraum kaum vorhanden ist. Zusätzlich werden subjektive und nicht unmittelbar berufsbezogene Daten wie z.b. Hobbys, Ämter, Berufe der Eltern oder Einstellung zu bestimmten Themen abgefragt.[3]

Die Fragen sind meist geschlossen und werden überwiegend in Form von Multiple-Choice-Verfahren beantwortet. Die Skala lässt oft Antworten von 1 („stimme gar nicht zu" oder vergleichbare Antworten) bis 5 („stimme voll zu" oder vergleichbare Antworten) zu.[4] Die Abfrage einiger sehr privaten Daten ist jedoch nicht mehr zulässig. Ursächlich dafür ist, dass der rechtliche Schutz von Arbeitnehmern in Deutschland zugenommen hat. Häufig werden zukunftsbezogene Fragen gestellt, um die Validität des Fragebogens zu erhöhen.[5] Er stützt sich auf der Annahme, dass Rückschlüsse auf das zukünftige Verhalten am besten über das vergangene Verhalten gezogen werden können. Bewerber sollen in biografischen Fragebögen erlebte Ereignisse darstellen, bzw. frühere Beschäftigungsverhältnisse mit der angestrebten Stelle in Verbindung bringen.[6] Dabei können sich Erfahrungen oder vergangene Verhaltensweisen auf die Bereiche des Ausbildungs- und Arbeitsplatzkontext berufen, aber auch auf den privaten Bereich. Durch einen Vergleich mit zusätzlichen Fremdeinschätzungen, werden Merkmale des Lebenslaufs, die zwischen erfolgreichen und weniger erfolgreichen Mitarbeitern unterscheiden, herausgearbeitet. Zudem ist der biografische Fragebogen aus erster Hand, beinhaltet die eigenen Beobachtungen eines Bewerbers und ist diskret nachprüfbar bzw. verifizierbar und kostengünstig.[7]

Die folgenden Abschnitte des Lebenslaufes weisen die Gliederung des biografischen Fragebogens auf:

- Allgemeine Informationen: Alter, Geschlecht, Familienstand, Referenzdaten, Größe des Geburts- bzw. Wohnortes
- Herkunftsfamilie: Größe, sozialer Status, Beruf und Ausbildung der Eltern
- Eigene Familie: Familiengröße, Anzahl der Kinder, Beruf und Ausbildung des Partners

---

[3] Vgl. Holtbrügge 2018, S.131; Lorenz M., Rohrschneider U. 2015, S.116
[4] Vgl. Office of Personnel Management 2019
[5] Vgl. Holtbrügge 2018, S.131; Lorenz M., Rohrschneider U. 2015, S.116
[6] Vgl. Stock-Homburg & Gross 2019, S.208-229
[7] Vgl. Kauffeld 2019, S.152

- Kindheit/Jugend: Erziehungsstil der Eltern, wichtige Erfahrungen

- Schulischer Werdegang: Lieblingsfächer, Leistungen

- Arbeits-/Berufserfahrung: besondere Kenntnisse, Gründe für die Arbeitsplatzwahl, Häufigkeit und Zeitverlauf der Arbeitsplatzwechsel

- Freizeit und Interessen: Hobbies, außerberufliches Engagement, soziale Aktivitäten

- Selbsteinschätzung: besondere Stärken und Schwächen, Verbesserungsmöglichkeiten, Gründe für Fehlschläge

- (Lebens-)Ziele: persönliche Ziele, Zukunftseinschätzung (optimistisch, pessimistisch)

Biografische Fragebögen dienen zur schriftlichen Beantwortung und sind vollständig standardisierte Interviews. Die Vorhersageerfolge sind durch Vergleichsdaten statistisch abgesichert. Da sich die Themenbereiche bzw. Fragen und Antwortalternativen stark an der Zielgruppe orientieren, ist es erforderlich, den Fragebogen für den jeweiligen Auswahlzweck zu entwickeln.[8] Aufgrund dieser Spezifität stehen keine gebrauchsfertigen Fragebögen zur Verfügung. Zunächst sind bei der Verfahrenskonstruktion einige 100 Items zu formulieren, welche durch mehrere Validierungsschnitte reduziert werden. Um wesentliche Unterscheidungsmerkmale herauszuheben, werden größtenteils in der ersten Validierungsstufe Personen aus demselben Tätigkeitsbereich verglichen, die zu einer Extremgruppe besonders erfolgreicher und erfolgloser Mitarbeiter zählen. Weist ein Item eine sehr geringe Differenzierung auf, wird es aussortiert.[9] Im Nachfolgenden geschieht eine Kreuzvalidierung. Hierbei wird an einer unabhängigen Stichprobe der reduzierte Fragebogen angewandt, wodurch eine weitere Abnahme bereits ermittelter Validitätskoeffizienten erkennbar ist.[10] Beantwortet ein Kandidat alle Fragen, werden die Punktwerte addiert und das Ergebnis soll darstellen, wie wahrscheinlich bei dem Kandidaten eine hohe Ausprägung der gewünschten Eigenschaft ist.

Validität, Reliabilität und Objektivität sind quantitative Gütekriterien die existieren,

---

[8] Vgl. Lorenz & Rohrschneider 2015, S.117
[9] Vgl. Schuler 2014, S.263
[10] Vgl. Krause 2017, S.112

um die Qualität einer Untersuchung zu gewährleisten. Um verlässliche Erkenntnisse gewinnen zu können, müssen diese Kriterien erfüllt werden. Objektivität und Reliabilität haben die Aufgabe, günstige Voraussetzungen für das Erreichen einer hohen Validität zu schaffen.[11] Die Validität bezieht sich auf die Gültigkeit einer Forschung. Wenn eine Messung das misst, was sie messen soll, ist sie valide. Im Falle des biografischen Fragebogens muss also geklärt werden, ob ein Zusammenhang zwischen der Vergangenheit und der Zukunft plausibel und zutreffend ist.[12] Der Korrelationskoeffizient gibt den Grad des Zusammenhangs an und wird mit r und einer Zahl zwischen -1 und 1 bestimmt. Ist der Wert 0 gibt es keinen Zusammenhang. Die Zahl 1 hingegen steht für einen vollständig positiven linearen Zusammenhang, in dem sich beide Werte in gleicher Weise entwickeln. Ein Korrelationskoeffizient von r= ,30 bis r= ,50 hat einen mittleren Effekt.[13] Biografische Fragebögen haben sich als valide Methode zur Vorhersage zahlreicher Kriterien beruflichen Erfolges mit einem Korrelationskoeffizienten von r= ,30 bis r= ,35 bewiesen. Ursächlich dafür ist, dass Prinzip der Fragstellung und die itemweise Validierung und Anpassung an die Stichprobe. Die Höhe der kriterienbezogenen Validität hängt, aufgrund der starken Anpassung der Fragenauswahl und-gewichtung an die gegebene Stichprobe, vom gewählten Kriterium ab.[14]

Desweiteren muss die Validität von biografischen Fragebögen nach Konzeption immer erst durch Anwendung an realen Testgruppen getestet werden. Zudem ist es nicht möglich, einem jeweiligen Fragbogen eine hohe oder niedrige Validität zu unterstellen, da für jede Stelle ein neuer Fragebogen entworfen werden muss. Anhand der Testgruppen werden schließlich nicht valide Fragen aussortiert, der Fragebogen wird sozusagen auf die gewünschten Kriterien bezogen ,,valide konstruiert."[15] Für einzelne Kriterien des Fragebogens können sich somit stark unterschiedliche Validitäten herausbilden. Allerdings ergibt sich durch das Konzeptionsverfahren bei wiederholten Testen und Verbessern der Fragebögen, schnell eine höhere Validität für den gesamten Fragebogen. Aus diesem Grund, kann keine allzu schlechte Validität bei fertiggestellten Fragebögen vermutet

---

[11] Vgl. Petersen 2002, S.72
[12] Vgl. Pfeiffer 2018
[13] Vgl. Braun & Pfundt 2020, S.69
[14] Vgl. Schuler 2014, S. 263
[15] Vgl. Weuster 1987, S.410

werden. So ergeben sich in mehreren Metaanalysen gute Werte für die alleinstehende Validität von biografischen Fragebögen bezogen auf berufliche Leistung.[16] Hunter&Huter stellen fest: „For entry-level jobs, biodata predictors have been known to have validity second in rank to that of measures of ability".[17] Zusätzlich heißt es, dass biografische Daten nicht weniger valide als andere Methoden bezogen auf den Berufserfolg sind. So ergab sich laut einer Studie von Chao & Reilly für „biodata" (L-Daten) wie sie in biografischen Fragebögen abgefragt werden „validities substantially equal to those for standardized tests."[18]

Im Allgemeinen besitzen biografische Daten eine gute Vorhersagevalidität bezüglich der Berufsleistung. Ein gut konstruierter biografischer Fragebogen mit richtig ausgewählten Items, weist für den konkreten Arbeitsplatz eine hohe Validität auf. Die Validität bei Biografische Fragebögen bezieht sich zudem nur auf die Kriteriumsvalidität bzw. genauer auf die Vorhersagevalidität, da die Konstruktvalidität nicht gegeben sein kann. Die entsprechende Ursache hierfür ist, dass die kausalen Zusammenhänge, zwischen biografischen Daten und Berufsleistung/-erfolg gar nicht erst betrachtet werden.

Da der biografische Fragebogen die zugrundeliegenden kausalen Zusammenhänge außer Acht lässt und sich nur die Korrelation zwischen bestimmten Daten und Berufserfolg zu Nutze macht, liegt hier ein erster Kritikpunkt vor. Weuster formuliert:„Ein (…) Problem von biografischen Fragebögen ist ihre fehlende theoretische Basis. Pointierend kann man sagen, dass biografische Fragebögen (möglicherweise) funktionieren, man aber nicht genau weiß, warum dies so ist."[19] Zudem zeigte sich, vermutlich wegen der noch geringen Verhaltensstabilität und Datenbasis, dass für Jugendliche vergleichsweise niedrige Prognosekoeffizienten vorliegen. Insgesamt kann der biografische Fragebogen für die interne Personalauswahl des Unternehmens Time empfohlen werden. [20]

---

[16] Vgl. Hunter & Schmidt 1998, S.269; Erwin Owens, Rethstein, Schmidt & Sparks 1990, S.175
     Asher 1972, S.251-269
[17] Vgl. Hunter & Hunter 1984, S.87
[18] Vgl. Chao & Reilly 1982, S.1
[19] Vgl. Weuster 1987, S.409
[20] Vgl. Schuler 2014, S.263 ff

Aufgabe 2

Organisationsstrukturen stellen ein System von Regelungen in Organisationen dar. Dabei bildet es das vertikal und horizontal gegliederte System in Kompetenzen ab. In der vertikalen Perspektive besteht das Merkmal aus dem Grad der Delegation. In der horizontalen Perspektive wird das Verhalten der Einheiten auf die übergeordneten Ziele des Systems dargestellt.[21]

Die älteste und am weitesten verbreitete Strukturform des Industriebetriebes ist die funktionale Organisationsstruktur. Funktionale Organisation ist ein Begriff aus der Betriebswirtschaftslehre und kann auch als Verrichtungsorganisation definiert werden. Die funktionale Organisationstruktur beschreibt die innerbetriebliche Gliederung eines Unternehmens, gemäß einzelner Aufgabenbereiche. Auf der zweiten Hierarchieebene koordiniert die Unternehmensleitung die einzelnen Abteilungen. Besonders für kleine und mittlere Unternehmen ist die rein funktionale Organisation geeignet, da bei vermehrten Aufgaben die Unternehmensführung keinen vollständigen Überblick mehr hat.[22]

Auf der obersten Leitungsebene steht die Unternehmensleitung. Darunter gegliedert ist die zweite Ebene, in der gleichartige Tätigkeiten zu Aufgaben und Funktionskomplexen vereint sind.[23] Diese Funktionen sind der ersten Hierarchieebene, im Sinne des Einlinienprinzips direkt unterstellt. Die Mitarbeiter einer Abteilung können nur von einer übergeordneten Leitung Weisungen empfangen. In den folgenden Hierarchieebenen kann die funktionsorientierte Gliederung fortgesetzt werden. Die verrichtungsorientierte Aufteilung kann die Arbeitsteilung innerhalb eines Unternehmens fördern und einzelne Teilbereiche können sich spezialisieren. Dieses erreichbar hohe Maß an fachlicher Spezialisierung fördert die Ansammlung von Erfahrungen und zusätzlichen Wissen. Die Funktionalorganisation eignet sich hauptsächlich für Unternehmen, die sich nicht ständig qualitativ verändern und über ein homogenes Produktprogramm verfügen.

---

[21] Vgl. Prof. Dr. Schewe 2018
[22] Vgl. Thommen, Achleitner, Gilbert, Hachmeister, Jarchow, Kaiser 2020, S.515: Bea & Göbel 2018, S.344
[23] Vgl. Siedenbiedel 2021, S.72

Diese Abbildung wurde aus urheberrechtlichen Gründen von der Redaktion entfernt.

Abbildung 1: Einliniensystem

Quelle: http://www.manager-wiki.com/strategieumsetzung/39-aufbau-organisation

In der Abbildung ist erkennbar, dass die Ebene unterhalb der Unternehmensführung nach vier Funktionen bzw. Verrichtungen gegliedert ist. (Marketing, Vertrieb, Produktion und Entwicklung)

Das Einliniensystem hat den Vorteil in der Vertikalität, der Unterweisung und Auftragserteilung klar und einheitlich zu sein. Das konstante System lässt kaum Weisungskonflikte zu. Bei Unstimmigkeiten werden Entscheidungen auf der hierarchischen Stufe getroffen, auf der sich der gemeinsame Vorgesetzte der betroffenen Person befindet. In der funktionalen Organisation liegt die Hauptaufgabe der Unternehmensleitung darin, die verschiedenen Funktionsbereiche zu koordinieren, da kein Bereich die Leistung eigenständig erbringen kann. Die einzelnen Mitarbeiter können sich auf ihre Aufgaben konzentrieren, während die Koordination innerhalb des Bereiches, der Abteilungsleiter übernimmt. Erkennbar ist, dass nur Arbeitsplätze zu einer Abteilung zusammengefasst werden, die eine Ähnlichkeit der Aufgaben aufweisen.[24]

---

[24] Vgl. Bea & Göbel 2018, S.343; Siedenbiedel 2021, S. 79, S.101; Vgl. BWL-Lexikon 2021; Bach, Brehm, Buchholz 2017, S.281

Die funktionale Organisation bringt viele Vorteile mit sich, besonders in der Arbeitsteilung und Spezialisierung. Da gleichartige Arbeitsbereiche gebündelt sind, werden Doppelarbeiten vermieden und die Produktivität gesteigert. Jeder Mitarbeiter kennt seinen Verantwortungsbereich und seine Befugnisse. Die Unternehmensbereiche untereinander haben kurze Kommunikationswege und jeder einzelne Fachbereich weist durch die Spezialisierung eine hohe Fachkompetenz auf.[25] Viele Unternehmen sind auch heute noch in einer funktionalen Organisation aufgestellt. Sie geht zurück auf Adam Smith's Wealth of Nations, ein Werk, in dem er die Idee der Spezialisierung beschreibt. Die Spezialisierung schafft enorme Größenvorteile (economies of scale) und ermöglicht es damit, Marktanteile auszubauen und Gewinne zu steigern. Funktionale Organisationseinheiten bündeln Aufgaben, die bestimmte Kenntnisse voraussetzen und die einem gemeinsamen Ziel dienen, z. B. der Verkauf, die Buchhaltung oder die Produktion.

Die funktionale Organisation bringt auch Nachteile mit sich. Jeder Bereich des Systems ist für eine spezielle Aufgabe verantwortlich, dabei können die Ziele des einzelnen Bereiches mit dem obersten Unternehmensziel kollidieren.[26] Durch den schmal gefassten Aufgabenbereich haben die Mitarbeiter einen geringen Blick auf das gesamte Unternehmen. Die Spezialisierung der Mitarbeiter wirkt einer Marktorientierung entgegen, da die meisten Mitarbeiter keinen direkten Bezug zur Erstellung der Produkte oder Dienstleistungen des Unternehmens haben. Die Spezialisierung führt auch leicht dazu, dass Bereichsdenken eine größere Rolle spielt als das Wohl des Gesamtunternehmens und dass eine flexible Reaktion auf Veränderungen in der Umwelt des Unternehmens durch das mittlere Management erschwert wird. Die Vielzahl an Schnittstellen zwischen den einzelnen Bereichen, erfordert eine ´hohe Koordination, die die Unternehmensleitung zu führen hat. Diese Form erfordert eine Vielzahl von Absprachen und Entscheidungsprozessen, um auftretende Probleme in ganzheitlicher Sichtweise lösen zu können. Schnelle zeitliche Reaktionen sind selten möglich, daher ist das Modell ungeeignet für kurzfristige Veränderungen.

---

[25] Vgl. Bea & Göbel 2018, S.343
[26] Vgl. Thommen, Achleitner, Gilbert, Hachmeister, Jarchow, Kaiser 2020, S.516

Der enge Handlungsspielraum kann auch dazu führen, dass Mitarbeiter sich nur auf ihren Bereich konzentrieren und nicht dauerhaft höchst motiviert arbeiten. Hinsichtlich der Flexibilität weist die funktionale Organisation Mängel auf, denn die einzelnen Bereiche können sich nur bedingt untereinander austauschen und abstimmen.[27]

Die in der Vergangenheit funktional ausgerichteten Organisationen leiden an intransparenten Prozessen, unzureichend definierten Schnittstellen und Arbeitsergebnissen. Rückfragen und zeitaufwendige Schleifen in den Arbeitsabläufen lassen die Strukturen zäh und langsam erscheinen.

Schlussfolgernd ist festzustellen, dass die Vor- und Nachteile der funktionalen Organisation zu gleichen Teilen bestehen.[28]

Vorteile:

> klare Arbeitsteilung und Spezialisierung möglich
> eindeutige Abgrenzung von Verantwortlichkeiten und Befugnissen
> hohe Fachkompetenz in den einzelnen Bereichen
> Kostensenkung durch die Organisation gleicher Aufgaben und daraus resultierender Skaleneffekte
> kurze Kommunikationswege innerhalb der Unternehmensbereiche

Nachteile:

> hoher Koordinationsaufwand zwischen den Abteilungen
> eventuell auftretende Kompetenzkonflikte
> keine Flexibilität für Veränderungen
> geringe Marktorientierung
> negativer Einfluss auf die Motivation

Die funktionale Form der Aufbauorganisation stößt an ihre Grenzen, wenn spezifische Aufgaben mehrere Arbeitsbereiche betreffen oder die Arbeitsbereiche an sich mit zunehmender Größe des Unternehmens komplexer werden und nicht mehr klar abtrennbar sind.

---

[27] Vgl. Bea & Göbel 2018, S.344
[28] Vgl. Frör, Schick, Merk, Kunning 2016, S.48-51

Ist dies der Fall, kann das Einliniensystem der funktionalen Aufbauorganisation beispielsweise ergänzt werden durch so genannte Stäbe. Diese Stäbe sind auf ein Fachgebiet spezialisierte Abteilungen, welchen den einzelnen Funktionsbereichen zu Informations- und Beratungszwecken zugeordnet werden. Sie koordinieren Aktivitäten, die sich auf ein Objekt oder einen Prozess beziehen aber in getrennten Funktionen stattfinden.

Durch diese Erweiterung entsteht eine funktionale Stablinienorganisation. Eine weitere Möglichkeit stellt die Kombination der bestehenden funktionalen Organisation mit der divisionalen Organisation dar. Durch das so entstehende Mehrliniensystem der Matrixorganisation können komplexere Unternehmen zielführender organisiert werden.[29]

Zusammenfassend ist zu erwähnen, dass sich die funktionale Organisation tendenziell für kleinere und mittelständische Unternehmen mit homogener Produktpalette unter stabilen Marktbedingungen eignet. Alle Aufgaben werden unterhalb der Führungsebene nach ihrer Funktion aufgeteilt. Die funktionale Organisation ist die, am häufigsten angewandte, Form der Organisationsgliederung, bei der die Unternehmensleitung alle unterschiedlichen Bereiche koordiniert. Durch die hohe Spezialisierung können sie trotz geringer Ressourcen hohe funktionale Kompetenz aufbauen. Verfolgen solche Unternehmen eine Strategie der Kosten- und Preisführerschaft, so bietet die funktionale Organisation erhebliche Vorteile. Durch Bündelung des Einkaufs lassen sich bessere Konditionen erzielen, eine Bündelung von Forschung & Entwicklung und der Produktion ermöglicht jeweils den effizienten Einsatz der Anlagen und Einrichtungen und den Aufbau von Know-how, die Bündelung von Verwaltungsaufgaben ermöglicht Einsparungen durch Skaleneffekte.[30]

Aufgabe 3

Personalgespräche sind die, am häufigsten angewandten, Methoden zur Mitarbeitergewinnung. Fast jedes Bewerbungsverfahren für Arbeitsplätze mittlerer und höherer Qualifikation beinhaltet ein Auswahl-/ Bewerbungsgespräch. Das Ziel hierbei ist, ausreichend Informationen über den Kandidaten

---

[29] Vgl. Bach, N., Brehm,C., Buchholz, W., Petry,T. 2017, S.283
[30] Vgl. Andy Helming, IPL Magazin 34, 2016

für den Auswählenden zu sammeln, um so zu einer qualifizierten Entscheidung zu gelangen. Doch nicht nur für den Arbeitgeber sind die Auswahlgespräche vom Vorteil. Auch der Bewerber lernt das Unternehmen mit seiner Kultur kennen und kann sich ein Bild von der offenen Stelle, mitsamt ihren Anforderungen und Chanen machen, um wiederrum für sich zu einer Entscheidung zu gelangen.[31] Aus solchen persönlichen Gesprächen ziehen Personaler einen Großteil ihres Eindrucks von Bewerbern. Zudem wurde in Untersuchungen festgestellt, dass von Bewerbern das Auswahlgespräch als positiver angesehen wird, im Gegensatz zu den psychologischen Tests.[32] Laut Boramir et al. wenden in der internen Personalauswahl bis zu 94% der Unternehmen auf unterschiedlicher Art und Weise Interviews an.[33] Dieses Problem manifestierte sich in den letzten Monaten auch im Unternehmen Time, woraufhin seitens der Bewerber Unmut aufkam. Auch die Art, wie die Auswahlgespräche geführt wurden, wurde von Bewerbern stark kritisiert. Um die Unzufriedenheit im Hinblick der Bewerber künftig zu verhindern, müssen Auswahlgespräche optimiert werden. Trotz ihrer Beliebtheit und häufigen Anwendungen zeigen sich bei Bewerbungsgesprächen, als Auswahlverfahren, nicht nur positive Aspekte auf. Gerade in Bezug auf zukünftige Arbeitsbeurteilungen finden Studien und Metaanalysen eine geringe Vorhersagevalidität.[34] Des Weiteren kann auch die Konstruktvalidität, sowie die Objektivität bei Auswahlgesprächen vermehrt in Frage gestellt werden. Begründend für die Infragestellung der Konstruktvalidität ist, dass verschiedene Arten von Auswahlgesprächen auch differierende Validitäten, in Bezug auf unterschiedliche Konstrukte, aufzeigen. Die Objektivität wird Infrage gestellt, da die Urteilsbildung ungewollt durch die Person des durchführenden Interviewers und die Eigendynamik der Interaktion beeinflusst werden kann.

Ein Beispiel hierfür ist der Halo-Effekt. Hierbei kann z.B. eine positive auffallende Eigenschaft eines Bewerbers, andere negative Eigenschaften überstrahlen oder auch jegliche Vorurteile des Interviewers zur Geltung erscheinen lassen. Dugoni, Pingitori, Spring & Tindale, fanden in einer Studie heraus, dass übergewichtige Frauen signifikant in Auswahlgesprächen, eine geringere Chance hatten, positiv

---

[31] Vgl. Krings 2018, S.120
[32] Vgl. Fruhner, Funke, Moser & Schuler 1991, S.170-178; Half 2016
[33] Vgl. Boramir, Hell, Schar & Schuler 2006, S.71
[34] Vgl. Moscoso & Salgado 2002, S.299

beurteilt zu werden. (1994) Hierbei wird sichtbar, dass die Objektivität von persönlichen Auswahlgesprächen durch psychologische Effekte und andersweitige Faktoren gefährdet wird.

Zwei wesentliche Punkte „Unterschiede zwischen einzelnen Interviews" und „Ärger über die Art und Weise wie die Auswahlgespräche geführt werden" sind bei der Bewerberkritik zu erkennen. Diese Kritikpunkte lassen vermuten, dass freie Gespräche und keine standardisierten (strukturierten) Gespräche durchgeführt wurden, wobei die Reliabilität und Objektivität, verletzt wurden. Im Folgendem werden Möglichkeiten aufgezeigt, um auf die Kritik der Auswahlgespräche des Unternehmens Time, zu reagieren.

Eine Studie von Maurer zeigt die Reliabilitätssteigerung eines strukturierten Interviews.[35] Doch nicht nur bei der Reliabilitätssteigerung lassen sich Vorteile bezüglich des strukturierten Interviews zeigen. Auch die Objektivität und Vorhersagevalidität kann durch die Strukturierung von Auswahlgesprächen massgeblich erreicht werden.[36] In dem Fall des Unternehmens Time kann an dieser Stelle der Ansatz, strukturierte Evaluationen der Auswahlgespräche von den interviewten Kandidaten einzuholen, verfolgt werden, um die einzelnen Kritikpunkte zu konkretisieren. Damit kann eine Verbesserung des Interviewprozesses zielgerichteter angegangen werden. Auf den Kritikpunkt der Bewerber „Ärger über die Art und Weise wie die Auswahlgespräche geführt werden" kann selektiv durch eine bessere Planung des Auswahlprozesses eingegangen werden. Des Weiteren kann auch ein qualifiziertes Training der Interviewenden zu einer Verbesserung des Auswahlgespräches führen. [37]

Bevor auf die konkreten Methoden eines Auswahlgespräches eingegangen wird, ist eine Verbesserung der Gesprächsführung im Rahmen von klaren Zielvorgaben erforderlich. Für ein optimales Auswahlgespräch sollte vor Beginn eine Anforderungsanalyse ausgeführt werden. Diese dient dazu, bei der Formulierung „anforderungsbezogener Fragen", sowie bei der Entscheidung für Auswertungs- und Beurteilungsinstrumente helfen zu können. Schließlich erfolgt die Erstellung eines Interviewleitfaden, welcher die konkreten Fragen, sowie die allgemeine

---

[35] Vgl. Maurer 2006, S. 307
[36] Vgl. Moscoso 2000, S.237; Culbertson, Huffcutt & Weyhrauch 2013
[37] Vgl. Huffcutt & Woehr 1999, S.549-550

Struktur des Auswahlgespräches festlegt. Jeder Leitfaden sollte eine Einleitung, einen Hauptteil zur Erhebung der Eignungsmerkmale, sowie einen Gesprächsabschluss beinhalten.[38] Damit wird das eigene Gesprächsverhalten gesichert und es wird gewährleistet, dass alle notwendigen Informationen erfragt werden. Zudem wird sichergestellt, dass alle Bewerber dieselben Fragen gestellt bekommen und niemand aus Sympathie bevorzugt behandelt wird. Damit wichtige Informationen nicht verloren gehen, wird den Zuhören geraten, Notizen zum Gesagten auf zu schreiben, wodurch gleichzeitig die Ernsthaftigkeit und Wertschätzung ausgedrückt wird.[39]

Ein weiterer Faktor der für den Erfolg eines Auswahlgespräches entscheidend ist, ist das Stellen der richtigen Fragen und deren Formulierung. Mit ihnen erfolgt die Informationsgewinnung, welche, je nachdem wie Fragen gestellt werden, gering oder umfangreich ausfallen kann. Charakteristisch für geschlossene Fragen ist eine „Ja" oder „Nein" Beantwortung und ein geringer Informationswert. Verwendet werden sollten geschlossene Fragen daher nur, wenn bereits umfassende Informationen gesammelt wurden. Im Gegensatz dazu, antwortet der Gesprächspartner auf offene Fragen, wie z.B. „W-Fragen", umfassend und vollständig und bezieht bei Fragen eine eigene Position. Dadurch enthalten offene Fragen weitaus umfangreichere Informationen als geschlossene Fragen, und dienen zu einer besseren Einschätzung des Bewerbers.[40] Diese Form der Fragestellung sollte daher zu Beginn des Gespräches verwendet werden. Im Hauptteil könnte zur besseren Einschätzung der Reliabilität die „split-half" Methode verwendet werden. Hierbei werden ähnliche Fragen erneut gestellt und die vorherigen Antworten verglichen.

Im Folgenden werden Regeln aufgezeigt die für ein effektives Ergebnis bezüglich der Fragestellung von Bedeutung sind:

- Klare Formulierung der Fragen
- Eine freundliche und wohlwollende Grundhaltung bei der Befragung
- Dem Bewerber Zeit zum Nachdenken einräumen
- Das Stellen von Mehrfachfragen vermeiden

---

[38] Vgl. Franke-Barthold, Püttner, Kersting & Strobel 2018, S.73
[39] Vgl. Lorenz & Rohrschneider 2015, S.88
[40] Vgl. Krings 2018, S.12

- Türöffner wie beispielsweise „Können sie das genauer erklären?" sollen verwendet werden, um dem Bewerber zum Erzählen zu motivieren
- Genaueres Nachfragen bei Unklarheiten und Widersprüchen

Da das Ziel eines Auswahlgespräches darin besteht, überwiegend Informationen vom Bewerber zu erhalten, sollte dementsprechend der Redeanteil vermehrt beim Bewerber liegen. Lediglich zu Beginn des Gespräches soll der Interviewer für einen guten Einstieg über das Unternehmen und die zu besetzende Position informieren. Um Missverständnisse zu umgehen, um sachlich leicht verstanden zu werden und die Aufmerksamkeit dem Gesprächspartner zu widmen, sollte dem Gesprächspartner aktiv zugehört werden und Störfaktoren möglichst vermieden werden. Lautmalereien in Form von „ich verstehe" können ermutigen, weiter zu sprechen. Ich-Botschaften können Beziehungsstörungen vermeiden und für eine offene und klare Kommunikation sorgen, wodurch das Auswahlgespräch erfolgreicher wird. Zudem erschweren Gesprächskiller wie kritisieren, loben oder befehlen den Gesprächsverlauf.

Neben der verbalen Kommunikation trägt auch die nonverbale Kommunikation einen bedeutsamen Faktor für ein erfolgreiches Auswahlgespräch bei. Eine offene Körperhaltung, sowie Blickkontakt und ein liebevolles Lächeln kann dem Gesprächspartner ein Signal von Vertrautheit, Offenheit, Wertschätzung, Interesse und Sicherheit vermitteln. Die nonverbale Kommunikation sollte dabei jedoch auch mit den verbalen Aussagen übereinstimmen und zur Unterstützung dienen. [41]

Auswahlgespräche können in strukturierter, unstrukturierter und teilstrukturierter Form geführt werden. Zum größten Teil sind in der Praxis die Auswahlgespräche unstrukturiert. Diese Gespräche sind ohne Struktur und ohne erkennbaren Fokus. Der Vorteil dieser Form ist die stressfreie Durchführung im Sinne des Bewerbers. Das strukturierte Gespräch dagegen hat als Grundlage einen standardisierten Leitfaden, der Abweichungen auf Grund der starren Struktur nicht ermöglicht, aber eindeutige Vergleich durchaus zulässt. Beim teilstrukturierten Auswahlgespräch werden die Vorteile des strukturierten und

---

[41] Vgl. Lorenz & Rohrschneider 2015, S.96

unstrukturierten Gespräches genutzt. Das Konzept des Interviewers beinhaltet klare zu befragende Kompetenzfelder und lässt Zeit für individuelle Fragen an den Bewerber zu.[42]

Für die optimale Durchführung eines Auswahlgespräches eignet sich besonders das Multimodale Interview. Hierbei wird versucht durch einen strukturierten und relativ invarianten Ablauf alle relevanten Gesprächsinhalte abzudecken. Das Multimodale Interview nimmt innerhalb der Gruppe der Interviews einen Spitzenplatz hinsichtlich der Validität ein.[43]

Das Multimodale Interview umfasst acht Gesprächsabschnitte, bei denen sich freie Gesprächsteile mit standardisierten Inhalten abwechseln.[44]

- Gesprächsbeginn (informelle Unterhaltung, Schaffung einer angenehmen und offenen Atmosphäre, Klärung des Ablaufes)

  z.B. Wie geht es Ihnen?

- Selbstvorstellung des Bewerbers (eigener Vortrag zum persönlichen und beruflichen Hintergrund, aktuelle Situation, Erwartungen in die Zukunft)

  z.B. Erzählen Sie über sich selbst.

- Berufsorientierung (standardisierte Fragen zur Berufswahl, Berufsinteressen, Organisationswahl, Bewerbung)

  z.B. Welche Arbeiten führen Sie gegenwärtig selbstständig aus?

- Freier Gesprächsteil (anknüpfend an die beiden vorhergegangenen Themenbereiche offene Fragen)

  z.B. Was hat sich in den letzten Jahren bei Ihnen verändert?

- Biografiebezogene Fragen (abgeleitet aus der Anforderungsanalyse oder aus biografischen Fragebögen)

  z.B. Worauf sind Sie am meisten stolz?

- Realistische Tätigkeitsinformationen (bedarfsgerechte Informationen für den Bewerber über die Tätigkeit)

- Situative Fragen

  z.B. Wie können Sie Mitarbeiter motivieren?

- Gesprächsabschluss (Fragen des Bewerbers, weiteres Vorgehen)

---

[42] Vgl. Krings 2018, S.121
[43] Vgl. Braun & Pundt 2020, S.72
[44] Vgl. Reinhardt & Kunning 2009, S.68-69

Diese Abbildung wurde aus urheberrechtlichen Gründen von der Redaktion entfernt.

Abbildung 2: Multimodales Interview S&F Personalpsychologie 2021
Quelle: https://www.multimodalesinterview.de/wie-funktioniert-es

Die Gesprächsatmosphäre ist wohlwollend und angenehm. Die Dauer des Interviews liegt zwischen 30-60 Minuten. Um eine objektive Beurteilung zu ermöglichen, werden alle Bewerber gleichbehandelt. Das Interview ist besonders geeignet um etwas über die soziale Kompetenz, die psychische Stabilität und die Leistungsmotivation des Interviewten herauszufinden. Das Multimodale Interview wird immer anforderungs- und positionsbezogen entwickelt. Qualitativ ausgebildete Interviewer sind eine Voraussetzung für ein positives Verfahren im Prozess der Personalauswahl. Das Multimodale Interview ist für alle Positionen und Tätigkeiten des Unternehmens Time anwendbar. Bei Anwendern und Bewerbern ist das Multimodale Interview sehr wertgeschätzt und akzeptiert und erreicht eine hohe Validität in vielen Unternehmen, Behörden und Verbänden.[45] Insgesamt trägt die angenehme Atmosphäre dazu bei, dass der Interviewte eher bereit ist, etwas über sich zu erzählen, was er sonst vielleicht verschwiegen hätte

Die Methode des Multimodalen Interviews ist dem Unternehmen Time als Auswahlgespräch zu empfehlen, denn es hat gegenüber früheren Methoden viele positive Seiten, da es die Vorteile mehrerer anderer Interviewarten miteinander verbindet.

---

[45] Vgl. Handelsblatt 2021

Literaturverzeichnis

Bach, N., Brehm, C., Buchholz, W., & Petry, T. (2017). Organisation. Gestaltung wertschöpfungsorientierter architekturen, prozesse. 2. Aufl. GABLER.

Bea, F. X., & Göbel, E. (2018). Organisation. Theorie und Gestaltung. 5. Aufl. München: UVK Verlag.

Braun, C., & Pundt, L. (2020). Personalmanagement klipp & klapp. Wiesbaden: Springer.

Frör, C., Schick, D., Merk, J., & Kunning, A. (2016). Organisationsstrukturen 3. Aufl. SRH Fernhochschule Studienbrief GmbH.

Handelsblatt. (2021). Multimodales Interview MMI Valide Methode für die Personalauswahl. Abgerufen am 22. 9 2021 von https://firmen.handelsblatt.com/multimodales-interview.html

Hell, B., Schuler, H., Boramir, I., & Hagen, S. (2006). Verwendung und Einschätzung von Verfahren der internen Personalauswahl und Personalentwicklung im 10 Jahres-Vergleich. Zeitschrift für Personalforschung, 20(1), 58-78.

Holtbrügge, D. (2018). Personalmanagement 7. Aufl. Berlin Heidelberg: Springer.

Huffcutt, A., & Woehr, D. (1999). Further analysis of employment interview validity: a quantitative evaluation of interviewer-related structuring methods. Journal of Organizational Behavior, 20(4), S. 549-561.

Hunter, J., & Hunter, R. (1984). Psychological Bulletin. Validity and utility of alternative predictors of job performance. Abgerufen am 27. 8. 2021 von https://psycnet.apa.org/record/1984-30168-001

Kauffeld, S. (2019). Arbeits-, Organisation- und Personalpsychologie für Bachelor. Berlin Heidelberg: Springer.

Krause, D. E. (2017). Personahlauswahl. Die wichtigsten diagnostischen Verfahren für das Human Resources Management. Wiesbaden: Spinger Fachmedien.

Krings, T. (2018). Personalwirtschaft. Grundlagen betrieblicher Personalarbeit. Wiesbaden: Springer Fachmedien.

Lorenz, M., & Rohrschneider, U. (2015). Erfolgreiche Personalauswahl. Sicher,schnell und durchdacht. 2.Aufl. Wiesbaden: Gabler Verlag.

Management, U. S. (2019). Policy,Data,Oversight Assessment & Selection. Biographical Data (Biodata) Tests. Abgerufen am 27. 8 2021 von https://www.opm.gov/policy-data-oversight/assessment-and-selection/other-assessment-methods/biographical-data-biodata-tests/

Maurer, S. (2006). A Practicioner-Based Analysis of Interviewer Job Expertise and Scale Format as Contextual Factors in Situational Interviews. Personal Psychology, 55(2), S. 307-327.

Moscoso, S. (2000). Selection Interview: A Review of Validity Evidence, Adverse Impact and Applicant Reactions. International Journnal of Selection and Assessment, 8(4), S. 237-247.

Moscoso, S., & Salgado, J. (2002). Comprehensive meta-analysis of the construct validity of the employment interview. European Journal of Work and Organizational Psychology, 11(3), S. 299-324.

Petersen, R. (2002). Biographie orientierte Personalauswahl im Kontext angewandter Eignusdiagnostik. Abgerufen am 24. 8. 2021 von https://katalog.ub.tu-braunschweig.de/vufind/Search2Record/358122163

Pfeiffer, F. (2018). Scribbr. Validität, Reliabilität und Objektivität-Gütekriterien für die quantitative Forschung. Abgerufen am 26. 8. 2021 von https://www.scribbr.de/methodik/validitaet-reliabilitaet-objektivitaet/

Prof. Dr. Schewe, G. (2018). Gabler Wirtschaftslexikon. Organisationsstruktur. Abgerufen am 27. 8. 2021 von https://wirtschaftslexikon.gabler.de/definition/organisationsstruktur-43095

Reinhardt, R., & Kunning, A. (2009). Personalmanagement 4 Aufl. SRH Fernhochschule Studienbrief GmbH.

Reilly, R., & Chao, G. (1982). Personal Psychology. Validity and Fairness of Some Alternative Employee Selection Procedures. Abgerufen am 28. 8.

2021vonhttps://www.researchgate.net/publication/230227105_Validity_a
nd_Fairness_of_Some_Alternative_Employee_Selection_Procedures

Schmidt, F., & Hunter, J. (1998). Psychological Bulletin. The Validity and Utility of selection Methods in Personnel Psychology: Practical and Theoretical Implications of 85 Years of Research Findings. Abgerufen am 26. 8. 2021 vonhttps://citeseerx.ist.psu.edu/viewdoc/download?doi=10.1.1.172.1733 &rep=rep1&type=pdf

Schuler, H. (2014). Psychologische Personalauswahl. Eignusdiagnostik für Personalentscheidungen und Berufsberatung. 4. Aufl. Göttingen: Hogrefe (Wirtschaftspsychologie).

Schuler, H., Funke, U., Moser, K., & Fruhner, R. (1991). Einige Determinanten der Bewertung von Personalauswahlverfahren. Zeitschrift für Arbeits-und Organisationspsychologie, 35(4), 170-178.

Siedenbiedel, G. (2021). Organisationale Gestaltung. Einführung in Grundelemente und charakteristische Ausgetsaltungen. 2. Aufl. Wiesbaden: Springer Fachmedienn Wiesbaden GmbH; Springer Gabler.

Stock-Homburg, R., & Gross, M. (2019). Personalmanagement. Theorien-Konzepte-Instrumente. 4. Aufl. Wiesbaden: Springer Gabler.

Strobel, A., Franke-Bartholdt, L., Püttner, I., & Kersting, M. (2018). Eignungsinterviews/direkte mündliche Befragung. In Diagnostik- und Testkuratorium. In Personalauswahl kompetent gestalten. Berlin: Springer.

Thommen, J.-P., Achleitner, A.-K., Gilbert, D. U., Hachmeister, D., Jarchow, S., & Kaiser, G. (2020). Allgemeine Betriebswirtschaftslehre. Umfassende Einführung aus managementorientierter Sicht. 9. Aufl. Wiesbaden: Springer Gabler.

Weuster, A. (1987). Der Biografische Fragebogen (BF) als Instrument . Zeitschrift für Personalforschung